기적 : 새벽 종소리

기적 : 새벽 종소리

초판 1쇄 발행 | 2025. 6. 10
초판 2쇄 인쇄 | 2025. 8. 20

지은이 | 한 작은 그리스도인 박정래
펴낸 이 | 정신일
펴낸 곳 | 크리스천리더
편   집 | 홍소희
교   정 | 성주희
일러스트 | 전하연
일부 총판 | 생명의 말씀사 (02) 3159-7979
등   록 | 제 2-2727호(1999. 9.30)
주   소 | 부천시 성주로 96 제일빌딩 6층
전   화 | (032) 342-1979
팩   스 | (032) 343-3567
도서 출간 상담 | E-mail:chmbit@hanmail.net
Homepage | cjesus.co.kr

ISBN : 978-89-6594-381-5 03230

정가 : 9000원

저자와의 협약 아래 인지는 생략되었습니다.
이 출판물은 저작권법에 의해 보호받는 창작물이므로, 무단 복제와 무단전재를 할 수 없습니다.

기적

: 새벽종소리

'모든 것이 기적이었다. 어젯밤 기도 이후 일어난 모든 일들이
하룻밤 사이에 놀라운 변화가 생겨났다.
생각해 보니 하나님은 종섭의 모든 기도를 다 들어 주셨다.
아니 더 풍성하게 행해 주셨던 것이다…'

- 본문 중에서

CLS 크리스천리더

목차

1. 길을 잃었다 · 7

2. 의문의 종소리 · 22

3. 30년 전 어느날 · 32

4. 망가진 마을 과수원들 · 45

5. 뺑소니 사고 · 58

6. 범인이 잡히다 · 69

7. 홍수 · 80

8. 새벽종소리 · 93

9. 기적 · 102

1. 길을 잃었다

 가려던 곳은 강원도의 어느 작은 기도처였다. 전에 가본 적이 있어, 가면 찾겠지 하고 가볍게 나선 것이 잘못이었다. 내비게이션에 문제가 있다는 것도 며칠 전에 이미 알고 있었지만, 미리 손보지 않은 것도 실수였다. 그놈의 우유부단한 성격에 종섭은 자신에게 화가 난다.

 날은 이미 캄캄하여 깊어지는데 도대체 길을 알 수가 없다. 고속도로를 빠져나올 때는 외등이 더러 있었는데 이제는 불 켜진 곳들도 드물다. 종섭은 운전대를 꽉 잡고 전조등을 따라간다. 혹시라도 기억 속에 남아 있는 무언가를 찾으려 애써본다. 골짜기 산 그림자가 너무 짙게 검다. 스산함이 어둠 속을 쓸어 온다.
 '부릉! 부릉!'

이렇게 무작정 가다가는 길을 더 잃을 것 같아 종섭은 차를 길가로 세웠다. 그는 차의 시동을 끄고 어두움 속에 꽤 긴 시간을 그대로 있었다. 검은 자갈돌 같은 자괴감들이 마음을 누른다. 이러면 안 된다고 생각하면서도 종섭은 하나님에 대하여 자꾸 화가 난다.

자신은 나름대로 돈도 벌며 밤에는 신학 공부까지 아주 열심히 하는 듯한데, 요즘 들어 자꾸 신앙을 흔드는 일들이 생긴다. 그렇다. 종섭은 근래에 신앙의 길을 잃은 것이다. 게다가 그 신앙을 찾으려고 나선 기도원의 길에서 이제 그 길조차도 잃어버린 것이다. 가슴이 체한 것처럼 답답하다. 무언가 끝없는 벌판에 홀로 서 있는 듯 외롭다.

'어떡하지?'

종섭은 차 안에 앉아 지난 한두 해의 날을 돌아본다, 그래도 하나님이 신학을 하라는 마음을 주셨다고 생각했다. 하나님이 목사가 되어 교회를 섬기고 또 하나님을 위하여 일하라는 마음을 주셨다고 생각했다. 그래서 다니던 직장을 그만두고 신학을 공부하게 된 것이었다.

조금 늦게 나선 공부라 학생들은 보통 자신보다 어렸다. 그래도 기꺼이 나선 길이라 마음이 기쁘게 감사했었다. 그렇게 올해는 새로운 교회의 부 교역자로 일하게 되었고 야간에 나가는 신학 공부도 학년이 올라갔다. 그러나 근래 들어 종섭은 여러 면에 신앙의 혼란을 맞닥트려야 했다.

일하게 된 교회는 꽤 규모가 있는 교회였다. 부흥을 외치고 치유와 기적들을 많이 행하는 교회였다. 종섭은 참 마음이 뜨거웠다. 그러나 시간이 지나며 교회의 내면을 자꾸 보게 되자 종섭은 마음에 실망의 마음을 갖게 된 것이다.

온갖 복을 받는다고, 하나님은 기적을 일으킨다고 기도하고 설교하는데, 사실은 돈으로 다툼들로 거짓들까지 전혀 성경과 맞지 않은 부분들이 눈에 뜨인 것이다.

　더더욱 담임 목사님의 삶의 모습은 종섭이 앞으로 되어야 할 목회자 상에 대하여도 좀 실망감을 안겨주었다. 말로는 사랑을 외치지만 사랑은 없고 성경과 너무나 달라 올바른 삶을 살지 않는 것이었다.

　이 교회뿐 아니다. 요즈음은 이곳저곳들에서도 교회들이 안에서 서로 싸우고 나누이고 하는 소리들을 너무 자주 듣게 된 것이다. TV와 신문들에서 기독교를 조롱하는 소리를 종섭은 자주 듣는다.

　'도대체 무엇이 기적이지?'

　'도대체 진정한 기독교가 무엇이지?'

　'아! 내가 앞으로 공부를 마친 후 목사가 되고 교회를 운영할 텐데 도대체 어떤 모습으로 해야 한단 말인가?'

종섭은 깊은 혼란을 느꼈다.

'저러한 모습이 교회라면 내가 신학 공부를 계속할 이유가 있나?'

물론 교회도 다 사람이 하는 일이라 완전하지는 않음을 종섭은 안다. 그러나 그는 깊은 갈등을 느끼고 있다. 이제 평생 이 길을 가야 하는데 저러한 모습이 교회요 기독교라면, 또 자신도 앞으로 똑같다면, 이러한 마음으로 갈 수는 없는 것이었다.

'기독교가 세상과 같으면 믿을 이유가 무엇이 있나? 하나님이 정말로 살아 계시면 어떻게 저렇게 살 수 있는가?'

이제는 피곤을 이끌고 다니는 야간의 신학 공부가 자꾸 회의감이 들었다.

'나의 신앙이 갈수록 이상해지지? 왜 갈수록 죽은 나무같이 말라져 가는 거지? 마음도 삶도….'

종섭은 마음에 깊은 피곤함을 느낀다. 자신감이 자꾸 사라져 갔다. 지난날 함께 하셨던 하나님이 이제는 잘 안 느껴진다.

'내가 이 길을 갈 수 있을까?'

세상이야 그냥 돈 벌고 살면서 가면 된다. 그러나 신앙의 길은 특히 목사의 길은 믿음으로 가는 것이다. 믿음을 잃으면 이 길은 갈 수 없는 것이다.
'다 내려놓고 다시 이전처럼 직장 생활을 하며 평범하게 살까? 하지만 기도라도 해 보자. 하나님께 매달려 보자. 하나님이 다시 회복시켜 주시든지 아니면 신학의 길을 그만두던지…. 하나님이 살아 계시면 길을 인도해 주시지 않을까? 아니 인도해 주셔야 하지 않을까?'

이렇게 그 기도원에 가면 잃어버린 신앙의 길을 찾게 해 주실 수 있으리라 생각하였던 것이었다. 이렇게 가게 된 이번 기도원 길은 어느새 인생의 앞날이 걸린 무거운 길이 되어 버린 것이었다. 그런데 지금 이렇게 산골짝에 아예 갇혀 버렸다. 신앙의 길도 신앙을 찾으러 떠난 기도원 길도 졸지에 다 잃어버린 것이다. 종섭은 하염없이 앉아 있었다.

밤은 더욱 깊어간다. 4월의 날씨지만 강원도의 밤은 아직 서늘하기만 하다. 차가운 마음 때문인지 종섭은 몸이 자꾸 떨려온다. 그렇다고 여기까지 왔는데 이 밤에 그냥 서울로 되돌아갈 수도 없다. 무엇이든 결정이 나야 하는 것이다.

종섭은 그래도 마음을 추슬렀다. 그리고 두 손을 꼭 잡고 힘을 주었다. 다른 어떤 방법은 없다. 이제는 기도원이고 뭐고 이 밤을 잘 보내는 것도 걱정으로 다가온다.

'하나님! 저의 마음 저의 처지 잘 아시죠! 저는 지금

진퇴양난입니다. 앞뒤가 다 막혔습니다. 기도원을 찾게 해 주시든지 아니면 우선 오늘 밤이라도 잘 보낼 수 있도록 도와주소서. 길을 인도해 주소서!'

 종섭은 막막한 심정으로 대충 흘리듯 기도하였다. 하나님께 대한 섭섭한 마음 때문인지 기도답게 하고는 싶지 않았다. 그냥 망망대해 가운데 홀로 떠가는 기분이다.

'부르릉.'

 종섭을 다시 차의 시동을 걸었다. 그리고 캄캄한 길을 출발하였다. 그냥 주여! 하며 가는 수밖에 다른 방도가 전혀 안 보인다. 불쑥불쑥 나타나는 산 그림자가 너무 낯설다.
 그래도 간간이 먼 곳으로 작은 불빛이 몇 개 나타나고 지나갔다. 그러나 종섭은 선뜻 멈추어지지 않는다.

'도로가 이렇게도 넓은데 왜 마을이 안 보이지?'

 그렇게도 한동안을 더 간 듯하였다 휘어진 도로를 돌자 작은 불빛이 점점 커지며 가까워진다. 그것은 민박집이었다. 길가 나지막한 건물에 작은 간판이 걸린.

 무작정 더 갈 수는 없다는 생각에 종섭은 마당으로 차를 몰았다. 이미 늦어진 밤이기에 열린 숙박업소는 앞으로 더 없을 수도 있는 것이다. 늦은 시간 올 사람도 없을 이 시골에 아직도 문을 닫지 않은 것이 천만다행이라는 생각이 스쳐 갔다. 종섭은 긴장감에 굳어졌던 마음을 펴며 차에서 내렸다. 이리저리 허리를 틀어 몸도 풀어 주었다.

 '쏴 아….'

 '아니, 가까운 곳에 큰 개울이 있나? 웬 물 소리지?'

가늠할 수 없는 어두운 곳으로부터 냇물 소리가 밤의 공간들을 채우고 있다. 종섭은 차 문을 닫으며 멀리 조각달이 걸린 밤하늘과 검은 산 능선이 닿은 굴곡을 바라본다. 조각달이지만 그래도 짙고 검은 밤을 작게라도 회색으로 밝혀주고 있다. 눈이 조금 적응하자 민박집 뒤편으로 멀찍이 아직 불이 꺼지지 않은 집들도 몇 채 보인다 그리 작지는 않은 마을이다. 종섭은 민박집 문을 들어섰다.

"계세요?!"

"....."

"계십니까?"

"으흠! 예에!"
사람이 없는 듯하더니 이내 나이 든 할머니의 목소리가 흘러나온다.

'삐이익, 드르륵.'

입구 왼편 작은방의 낮은 창문이 열렸다. 롤러가 다 닳은 듯한 소리가 귓속을 긁는다. 할머니를 보자 종섭은 이미 기억이 흐릿한 돌아가신 할머니가 떠올라 그래도 따듯한 기억이 밀려온다.

"에이구! 이 밤에, 이렇게 늦게 오셨수? 젊은이."

"네. 어떡하다가 늦었습니다. 어르신, 깨끗하고 따듯한 방 하나 있으세요?"

"마침, 혹시나 손님이 있을까 해서 준비해 놓은 방이 하나 있수."
"아이고, 감사합니다."

"깜박 선잠이 들었었기에 망정이지 다른 날 같았으면 벌써 닫았을 텐데…. 젊은이 기다리라고 내가 잠을 잔 것 같네. 호호, 여기 열쇠 있수. 저기 복도 따라 쭉 들어가면 끝 방이요. 편히 쉬쇼."

할머니의 이어진 말을 들으며 종섭은 참 다행이다 싶었다. 만약 할머니가 깜박 잠드시지 않았더라면 이곳은 없었을 것이다. 그렇게라도 된 것에 작은 감사가 밀려온다. 종섭은 가려던 기도원을 물어볼까도 생각했지만, 그냥 인사로 대화를 마쳤다.

"감사합니다. 어르신."

그는 방으로 들어가자마자 대충 씻고는 그냥 드러누워 버렸다. 막막한 마음과 추위에 떨어서인지 방이 너무 따듯하게 등을 파고든다. 몸이 녹으니, 아까의 불편하던 마음들도 조금은 아련해져 간다.

'허 참! 이렇게 방을 따듯하게 해놓으셨나? 물론 뭐 돈을 버시는 일이지만….'

'하나님이 할머니를 깜박 잠들게 하셔서 내가 들어올 수 있었나?'

그러나 종섭은 이내 그 마음을 털어 버린다.

'피곤하구나.'

근래의 교회와 기독교의 나쁜 일들이 종섭의 신앙을 하나님으로부터 이렇게 자꾸 이간질한다.

'봐! 오늘도 하나님을 찾아 나섰는데 또 길을 잃어버렸잖아. 생고생만 잔뜩 하고 있잖아.'

물론 종섭은 하나님을 믿는다. 그러나 종섭의 신앙은 요즘 확신을 많이 상실하고 있다. 믿음을 포기할 수는 없지만 요즘 같으면 정말로 하나님도 신앙도 잘 모를 것 같다. 더더욱 평생 목사로서의 길을 가야 하는데 이러한 모양으로는 갈 수 없을 것 같은 것이다. 정말로 하나님을 새로이 만나야 하는 것이다. 종섭은 이리저리 뒤척이다 자신도 모르게 깊은 잠 속으로 빠져 버렸다. 꿈속에서도 그는 계속 길을 찾고 있었다.

2. 의문의 종소리

얼마나 잤는지 모른다. 그러나 너무 따뜻한 잠을 잔 듯하였다. 어떤 소리가 잠을 깨운 그 순간까지는….

'댕! 댕! 댕…!'

꿈속의 소리인가 하였으나 그 소리는 실제였다. 종섭은 귀를 쫑긋 세웠다. 그 소리는 분명히 종소리다.
그것도 작은 괘종 소리가 아니다.
멀리서 울려와서 그렇지, 그것은 분명
큰 종이 내는 소리이다. 아직은 고요한 밤이라
그 소리는 아주 짙고 선명했다.

'아니! 이게 무슨 소리지? 종소리 같은데….'

종섭은 맞은편 벽에 걸린 벽시계를 바라보았다. 시계는 새벽 4시를 가리키고 있다.

'이런, 새벽 4시잖아! 아직 한밤중이네! 그런데 어느 정신없는 사람이 밤중에 종을 쳐댄단 말이야!'

종섭은 종소리가 잠을 깨운 것은 싫었지만, 이상하게 또한 다른 감정도 같이 피어올라왔다. 그것은 종소리에 실려 있는 아련하고 아늑한 그 어떤 좋은 느낌이었다. 평안과 쉼을 주는 것 같기도 하고 또 나그네의 지친 마음을 어루만져 주는 것도 같기도 한….

'거참 희한한 종소리네? 그래, 어렸을 때 마을 교회 종이 저렇게 아침이면 울리곤 했었지.'

종섭은 갑자기 어렸던 때의 기억이 떠올랐다.

'아마도 그때의 추억 때문에 종소리가 좋게 들린 거

겠지.'

 종섭은 그 소리에 대하여 이 생각 저 생각 하다가 어느새 아까보다 더욱 깊은 잠에 빠져들었다. 이상하게도 꼭 하나님의 품 같기도 했다. 하얀 목화가 가득한 들판 같은 잠 속 나라로 들어가며 종섭은 생각했다.

 '재미있는 마을이네. 하지만 아침이 되면 바로 길을 물어보고 떠나자. 종소리 생각할 차원이 아니지. 으흠, 그래도 저 종소리의 정체도 한번 살짝 물어보자고. 웬 사람이 밤중에 종을 쳐 대는지.'

 종섭은 그렇게 참 기분 좋은 밤을 보냈다. 근래 들어 마음의 어려움들 때문에 잠을 깊이 못 자곤 했었다. 그런데 너무 오랜만에 깊은 잠을 잔 것 같다. 마음이 한결 밝아졌다. 창문 너머에서 작은 새들 소리가 넘어온다. 종섭은 대충 머리카락을 쓰다듬고 방을 나섰다. 눈부셔서 베일 것 같은 햇살이 이슬 먹은 꽃들에 마구 부서

진다. 마을은 4월이라 온통 피어나는 꽃들로 가득하다. 무슨 장엄한 오케스트라 공연처럼 햇볕에 마을이 열려 오는 것 같다.

'와아! 어젯밤은 늦고 어두워 무슨 두메산골인 줄 알았는데….'

종섭은 허리를 이리저리 풀며 마을을 다시 살펴본다. 참 아름다운 마을이다. 높은 산들로 둘러싸여 있고 주변 경관이 참 수려하다. 저기 안쪽 산기슭으로 집들이 늘어서 있다. 면 소재지 정도 되는 제법 큰 마을이다. 마을 앞으로는 제법 넓은 도로도 지나가고 있다.

'아니! 이 지방에 이러한 곳이 있었나? 휴가 때가 되면 쉬러 와도 될 만큼 아름답네. 길을 잃어 어쩔 수 없이 왔지만 어쨌든 참 감사하구나. 이런 곳도 알게 되고.'

'그래, 맞아. 주님은 항상 나에게 이렇게 잘 인도해 주

시곤 하셨지….'

바로 그때 종섭의 눈에 멀리 언덕에 서 있는 아담한 흰 교회가 들어왔다. 조금 멀어서 그렇지 분명 교회 앞에는 종탑이 있고 커다란 종이 하나 보인다. 요즈음 시대에 커다란 무쇠 종을 아직도 가지고 있다는 것이 신기하게 느껴진다.

'새벽에 울린 종소리가 저 종이 울린 것인가?'

종섭은 마음속으로 생각하며 낮은 들마루에 앉아 맑은 공기를 흠뻑 들이마셨다. 잃어버린 길 생각이 자꾸 채이지만 그래도 마음이 이래저래 상쾌하다. 바로 그때였다. 저쪽 민박 옆 텃밭에서 한 할아버지가 농기구를 들고 민박집으로 오고 있었다. 장화는 아침 이슬로 촉촉이 젖어 있다. 어르신인지라 종섭은 엉거주춤 일어나 말없이 끄덕여 지나가는 인사를 했다.

"아이구! 어젯밤 늦게 숙박하신 젊은이시구려. 할머니한테 들었수다. 어찌 잘 주무셨소?"

"아, 민박집 바깥 어르신이시군요. 네, 아주 잘 잤습니다."

할아버지는 종섭이 서 있는 옆 들마루에 걸쳐 앉았다. 종섭도 다시 앉으면서 인사말을 건넸다.

"잠시 둘러보았지만 참 수려한 마을입니다. 아름답구요. 또 사과 과수원들이 아주 많습니다."

"그렇지요? 우리 마을은 사과가 특산물이요. 우리 마을 사과는 굵고 아주 맛있기로 아주 정평이 나 있소이다. 가을이면 온 동네가 사과 향내로 가득해진다오."

"네, 그럴 것 같습니다."

그러나 종섭은 할아버지와 이야기하면서도 가야 할 기도원 생각에 자꾸 뒤가 불편하다.

"그런데 어르신 무엇 하나 여쭈어보아도 되겠습니까?"

"예, 뭣이오?"

종섭은 이제 기도원 길을 물을까 생각하였다. 그러나 입에서는 다른 말이 튀어나왔다.

"네, 오늘 아침 새벽 4시쯤인가 꼭 교회 종소리 같은 소리가 들렸는데 그게 무슨 소린가요? 제가 분명 잘못 들은 것은 아닌 것 같은데…. 아직은 다 자는 시간인데 종소리라니요?"

"허 허 허, 그 소리요? 궁금하셨나 보네. 그렇지, 좀 특별하지."

"네, 참 궁금합니다. 요즘 같은 시대에 교회 종소리는 아닐 테고. 요즘 교회가 새벽에 저렇게 종을 쳐댔다가는 주변에서 화내고 난리 치지 않겠습니까?"

"허 허, 그래요? 하지만 교회 종소리가 맞소. 저기 멀찍이 언덕에 교회 보이지요? 저 교회 새벽 종소리요. 그런데 우리 마을은 저 교회 종소리를 다들 참 좋아한다오. 우리 마을의 상징과도 같이 소중히 여기지요."

"예?! 그래요? 거참 신기하네. 요즘같이 교회가 손가락질당하는 시대에 사람들이 교회 종소리를 좋아한다고요? 그것도 다들 아직 잠자는 시간에 쳐대는 종소리를…? 그러면 이 마을 사람들은 모두가 저 교회를 다니나 보죠?"

"허허, 좀 이상은 할 거요. 하지만 우리 마을은 한 삼분의 일 정도밖에는 교회를 다니지 않아요. 그러나 다들 저 교회 종소리는 인정한다오. 다 사랑하지요."

"아니, 어찌 그럴 수 있습니까? 이해가 잘 안되네. 그런데…. 으흠…. 좀 하여간 무언가 특별한 종소리 같기는 했어요. 이상하게도 들을 때 마음 깊은 곳에 지친 심령을 어루만져 주는 듯한 평안과 위로가 있었어요. 무언가 좀 특별하다는 생각은 들었지요."

"그렇지요? 맞소! 소리가 너무 좋지요. 그런데 말이요, 거기에는 특별한 어떤 사연이 있다오. 아주 깊은 사연이…. 그때부터 이상하게도 종소리가 더욱 아름답고 신기하게 변했다오."

"그래요? 종소리가 변했다고요? 그럴 수가 있나요?"

"한 번 사연을 들어 보시겠소? 당시 나 자신도 그 상황들 속에 있었기에 지금도 항상 생생하다오."

"네, 교회와 연관 있는 이야기군요. 그러면 꼭 저와도 무언가 관계가 있을 것 같기도 해요. 말씀해 주시겠어요?"

"그렇다면 한번 말해 보리다. 에, 그러니까 지금부터 한 30년 전쯤의 이야기가 되겠네. 정수영 목사라는 분이 이 마을 교회에 오면서 일이 시작되었지요."

종섭은 대충 이야기하다가 기도원 길을 묻는다는 것이 어느새 깊이 할아버지의 이야기 속으로 빨려 들어가고 있었다. 그런데 거기에는 정말로 길이 있었다.

3. 30년 전 어느 날

정수영 목사는 아내와 아직 어린 아들을 데리고 이 마을을 들어서고 있었다. 마을 교회에 새 교역자로 부임하고 있던 것이다. 이삿짐은 그리 크지 않은 트럭 두 대에 실릴 정도로 단출했다. 이 마을이 아내와 아이들에게는 전혀 낯선 곳이겠지만, 정목사는 마을의 군데군데에서 낯익은 모양들을 발견한다. 예전과는 많이 변했지만…. 앞 트럭이 덜컹거리며 먼저 마을 입구를 들어서고 있었다.

정수영 목사는 자신이 어릴 적 떠났던 고향의 교회를 목사가 되어 온다는 것에 대하여 만감이 교차하고 있었다. 소싯적 신앙이었지만, 목회의 길을 가는 내내 돌아보면 참 그리운 시절이었다. 얼마 전까지 그는 서울의 어느 큰 편에 속하는 교회의 부목사로 섬기고 있었

다. 어느 날 정수영 목사는 이곳 최경식 장로로부터 한 통의 편지를 받았었다.

  최 장로가 어떻게 자신이 목사가 된 것과 또 섬기고 있는 교회를 알고 편지를 보냈는지는 잘 모른다. 아마도 누군가를 통하여 알게 된 듯하였다. 편지에는 예전의 이 마을 교회에 와서 목사로서 섬겨 줄 수 없겠느냐는 내용이 쓰여 있었다.

'정수영 목사님께... 중략... 목사님이 주일학교 때 잠시 가르쳤던 최경식 집사 기억하십니까? 이제 장로가 되어 교회를 섬기고 있습니다. 그런데 1년 전쯤 우리 교회에 목사님이 도시로 떠나가시게 되었고 이후 이제까지도 담임 목사님이 없습니다. 저희 교인들은 기도하고 있습니다. 목사님께서 오셔서 교회를 이끌어 주실 수 없으신지요? 간절히 부탁드립니다. 나중에 한 번 찾아뵙겠습니다.'

  이 편지 이후 정 목사는 최 장로와 통화하였고 이후

에 몇 차례 논의를 거쳐 이곳으로 내려오기로 결정된 것이었다. 좀 특이하던 것은, 정 목사가 어렸을 때는 마을에 교회가 하나였었는데 지금은 마을에 교단이 다른 두 개의 교회가 있다는 것과 공교롭게도 앞뒤로 나란히 있는 것이었다. 그러나 정수영 목사는 대수롭지 않게 생각했었다.

'뭐 교회들이 많은 시대니 당연히 그럴 수도 있지.'

아내는 아직 아들이 어리고 시골이라 도시에 머물자고 하였지만, 결국 온 가족이 같이 내려오게 된 것이다. 아무리 목사이지만 다들 도시로 가는 판에 이러한 시골로 내려온다는 것이 쉬운 결정은 아니었다. 그러나 정수영 목사는 교회에 교인들만 덩그러니 앉아 있는 모양이 자꾸 떠올라 결국 내려오기로 한 것이었다. 정수영 목사는 덜컹거리는 앞 트럭 옆으로 마을을 바라본다.

어렸을 때 부모님 따라 잠깐 살던 곳이었지만 참 그립도록 아름다운 곳이었다. 멀리서 교회가 점점 다가온다. 교회 주변으로 여러 집들이 늘어서 있고 또 정 목사가 시무할 교회 앞으로 또한 교회도 보인다. 그리고 그 너머에는 제법 큰 냇물이 흐른다.

 그렇게 이삿짐 차가 앞 교회를 지나 교회 진입로로 들어설 때였다. 앞에 가던 트럭이 갑자기 멈추었다. 앞 트럭 운전사도 뒤 트럭의 정 목사도 동시에 차에서 내렸다.

 "아니! 교회 진입로에 차가 못 들어가게 누가 막아 놓았네요?"

 교회 입구는 큰 나뭇등걸들로 막혀 있었다. 트럭 기사도 정 목사도 당황하고 있을 때였다. 기다렸었는지 최 장로가 부랴부랴 도착하였다.

"아이구 목사님! 잘 도착하셨군요."

"아! 예! 장로님 잘 도착하였습니다. 그런데 누가 교회 진입로를 큰 나무로 막아 놓았네요. 이게 무슨 일인가요?"

최 장로는 매우 민망한 듯 망설이다가 말하였다.

"아, 목사님 미처 말씀 못 드려 죄송합니다. 미리 다 말씀드리면 목사님이 안 오신다고 할까 봐…. 죄송합니다. 우선 저쪽 우회하는 작은 길이 있으니, 짐들을 사택으로 옮기시고 자세히 말씀드리겠습니다."

정수영 목사는 최 장로 그리고 모인 네댓 명의 교인들과 빙 돌아 작은 길로 이삿짐들을 옮겼다. 정 목사는 마음속으로 아주 당혹스러웠지만 마침 오는 날이라 애써 밝은 듯 웃으며 짐을 날랐다.

그리고 다들 떠난 후 정 목사는 최 장로의 이야기를

듣게 되었다. 최 장로는 근래 몇 년 동안 있던 일을 이야기하였다. 문제의 발단은 조그만 마을에 교회 앞에 다른 교회가 새로이 들어서게 되었고 또 서로 경쟁적으로 교인들을 데려가려 하다가 사이가 틀어진 것이 원인이었다.

그리고 그것으로부터 이상하게 이것저것 앞뒤 교회가 자꾸 다툼이 일어나고 확대가 되어 싸움 아닌 싸움이 이어지게 된 것이었다. 본인들도 일들이 이렇게 심각하게 되리라고는 생각 못 했었다고 최장로는 송구스러운 듯 말했다. 이러한 악화한 결과로 1년 전에 최 장로 교회의 목사가 떠나버린 상태가 되었던 것이었다.

그런데도 일은 점점 더 커져서 오늘처럼 결국 앞 교회는 뒤 교회의 진입로가 자신의 땅이라고 입구를 막아 버린 것이었다. 그것도 공교롭게 마침 정 목사가 부임하는 날 입구를 막아버린 것이었다.

'아니! 세상 사람들도 아니고 교회들이 이렇게 서로

싸우다니…'

정수영 목사는 마침 이사 오는 날 일어난 상황에 심히 당황스러웠다. 그렇다고 자기들 땅을 자기들이 막아 버린 것을 놓고 앞 교회를 법률적으로 어떻게 할 수도 없는 상황이 된 것이다. 물론 정 목사는 도시의 어떤 교회들도 서로 간에 또는 한 교회 안에서도 세상보다 더 심하게 싸우는 것을 본 적이 있었다. 하지만 남의 이야기처럼 그때는 그러려니 했다.

그러나 지금은 그러한 일들이 자신이 부임한 교회에 일어나고 있다. 정수영 목사는 자신도 모르게 심각한 싸움의 소용돌이 맨 앞에 서 있는 꼴이 된 것이다. 정 목사는 심히 당혹스러운 마음을 주체할 수 없었다.

'이럴 때는 목사로서 어떻게 하여야 하지? 사랑을 가르치는 교회에서 또한 성직이라고 일컫는 목사로서 어떻게 한단 말인가? 지금, 이 마을과 세상의 안 믿는 사람들은 어떻게 이 상황을 보고 있을까?'

'에이구! 교회라는 곳들이 저 모양이야?'

'쯧쯧, 목사라는 것들이 저 모양이냐고!'

정수영 목사는 사랑으로 살아도 부족한 교회가 마구 싸움질을 하는 모습에 세상의 조롱과 비웃음이 여기저기서 들려오는 것 같았다. 그 주일 오후에 정 목사는 교인들과 둘러앉았다.

안정되지 않는 마음이지만 정 목사는 차분히 이 문제들 꺼내려 했다. 그러나 정수영 목사가 말을 꺼내기도 전에 교인들은 쌓인 감정들을 마구 쏟아내기 시작하였다.

"아니! 그렇다고 교회 입구를 막아버려요? 저게 교회에요?"

"지금까지 다 저 앞 교회가 잘못이에요. 저 교인들이 문제예요. 앞 교회 목사는 더해요!"

"맞아요! 아무리 하나님을 믿어도 이번에는 참으면 안 돼요. 우리도 맞서서 저들의 버릇을 고쳐주어야 합니다. 그것이 하나님 뜻일 거요!"

갓 부임한 정 목사로서는 성경은 이렇네, 참 신앙은 저렇네, 라고는 말을 꺼낼 엄두조차 낼 수 없는 격앙된 분위기였다. 그렇게 회의는 끝나 버렸다. 이러한 분란의 한가운데로 정 목사를 오게 한 탓인지 최경식 장로는 아무런 말도 못 하고 앉아 있었다.

월요일 새벽에 종소리가 은은히 새벽 기도를 준비하는 정수영 목사의 귀에 들려온다. 교회 마당에는 여전히 쇠 종이 종각에 걸려 있다. 최 장로가 종을 치는 것 같았다. 도시에서는 이제 없어진 새벽 기도를 알리는 소리가 아직 이곳은 울려 나가고 있다. 정수영 목사는 새삼 자신이 이곳에 부임한 현실에 정신이 들어온다. 바로 그때였다. 큰 차임벨 소리가 들리기 시작하였다. 앞 교회에서 새벽 기도를 알리는 소리였다. 앞 교회는 차임벨을 새벽 알림으로 사용하는 것이었다.

 종소리와 차임벨 소리가 갑자기 불협화음이 되어 고요한 밤하늘을 찢는 것 같다. 새벽하늘에서도 두 교회가 마구 싸워대는 것 같아 정 목사는 여간 불편하지 않았다. 기도 시간에도 정수영 목사의 귀에는 두 소리가 여전히 남아 윙윙대고 있었다.

 주초에 정수영 목사는 앞 교회 목사를 찾아갔다. 처음에는 아예 만나 주려고조차 하지 않았다. 그러나 여러 번의 방문에 마주 앉게 되었다. 그 목사는 화가 잔뜩 나 있는 듯 말했다.

 "다 뒤 교회 잘못입니다! 뒤 교회 진입로 부분이 우리 교회 것이면 감사한 줄 알아야지요. 그렇게 다니고 뻔질나게 사용하면서 도리어 큰소리나 치고…. 그 최 장로란 자도 똑같아요. 마을 유지면 유지다워야지!"

앞 교회 목사는 모든 잘못이 다 뒤 교회에 있다고 한다. 정 목사는 속으로 생각해 보았다. 그러면 도대체 누구의 어느 교회가 잘못이란 말인가? 서로 자신들이 옳다고 난리인 것이다. 정 목사의 교인들은 자신들이 옳고 이 앞 교회 목사는 자신들이 옳다고 얼굴을 붉히고 있는 것이다.

정수영 목사는 이야기를 들으면서 문제가 심각함을 느낀다. 아무리 교인이요 목사라도 골이 깊어지면 이렇게까지도 싸울 수 있구나라는 생각이 든다.

"그러면 죄송하지만, 진입로만이라도 좀 열어 주실 수 없으신지요?"

"당분간은 생각 좀 해 보고요!"

정 목사는 앞 교회 목사에게 잔뜩 훈계만 듣고 돌아왔다. 정수영 목사는 깊은 절망감이 밀려온다. 앞 교회 목사와의 대화는 쉽게 해결될 문제가 아닐 정도로 서로 간에 상처가 큼을 확인하는 대화였을 뿐이었다.

'할 수 없지. 참고 기도하며 나가는 수밖엔…. 더 확대되지 않으면 어느 때가 되면 하나님이 풀어 주시겠지….'

정수영 목사는 마음에 무언가 무거운 짐이 지어진 듯하였다. 교회를 바라보는 마을 사람들의 시선이 자꾸 불길하게만 느껴졌다. 그런데 문제가 또 터졌다.

4. 망가진 마을 과수원들

 정 목사가 부임한 지 한 열흘 정도 지났을까? 어느 날 신 집사가 정수영 목사를 찾아온 것이었다. 신 집사는 마을에서도 제법 큰 사과 과수원을 하고 있었다. 그는 오자마자 다짜고짜 말을 던졌다.

 "목사님! 제가 오늘 뒷산 과수원으로 들어가는 길을 막아버렸습니다!"

 "네? 무슨 말씀인지요? 길을 막다니요?"

 "글쎄, 앞 교회 이 집사 과수원이 우리 과수원 뒤쪽 산 밑에 있습니다."
 "네, 그렇게 들었습니다만?"

"그런데요. 아 우리 과수원 가운데 길을 항상 통과하여 지나다닌단 말입니다."

"그래요? 다른 길은 없고요?"

"네, 뒷산의 경사가 가팔라 다른 길은 없습니다. 어찌 그렇게 됐어요. 그런데 그러면 항상 고마워해야지…. 글쎄, 그 집 경운기가 우리 땅을 통과할 때마다 자꾸 잘 자라고 있는 사과들이 상처를 입었단 말입니다. 작년부터 벌써 여러 번을 말했는데, 올해도 벌써 몇 번을 사과 나뭇가지가 상했단 말입니다. 나도 사과 하나 다칠까 봐 얼마나 조심하며 살살 다니고 있는데…."

"……"

"그러면 좀 고마워하든가 아니면 미안해하든가 해야지요. 무료로 사용하는 주제에…. 안 그래요? 목사님!"

"……"

"그래서 어저께 좀 조심해서 다니라고 한마디 했더니 글쎄 자기가 더 화를 내더라고요. 같이 좀 먹고살자는데 나뭇가지 한두 개 부러진 것 가지고 뭘 그리 난리냐고 도리어 소리를 지르면서요!"

"그랬습니까?"

"그러고 나니 어젯밤 내내 얼마나 속에 천불이 나던지…. 그래서 오늘 아침에 다시는 못 들어가도록 길을 막아버렸습니다."

"아니 집사님! 그러면 그 집 과수원은 어떡하고요? 관리를 못 하면 그냥 버리게 될 텐데요!"

"버리든 망하든 내 알 바 아닙니다. 자기가 당해 봐야 알지. 아예 잘 됐어요. 우리 교회 못 들어오게 이 집사 교회가 진입로를 막아버린 것 모르세요? 똑같이 당해야 합니다."

"아니 그래도 그건 좀 과한 것 아닐까요? 믿는 사람들 간에 그러면 안 될 것 같은데…."

"허 참, 그동안 당해 온 것을 목사님은 많이 모르세요. 우리들 마음을 아시기나 하세요?"

신 집사는 정수영 목사와 의논하러 온 것이 아니었다. 그래도 담임 목사이기에 그렇게 했다고 통보하러 온 것이었다. 부임하자마자 연이어 일어나는 일들에 정수영 목사는 정신을 차리기가 어려울 정도이다. 정 목사는 속으로 생각하였다.
'큰일이네. 왜 자꾸 문제가 생기지? 교회들이 이러면 안 되는데….'

하지만 아직 마을 내막을 잘 알지도 못하는데 가벼이

해결하려고 하였다가는 더욱 문제가 커질 것 같았다. 정 목사는 일 년 전에 교회를 떠나버린 전임 목사의 이유가 조금은 이해가 갈 것 같았다.

마을은 이 두 교회와 교인들 간의 다툼으로 불안한 하루하루를 보내고 있었다. 교인들이 마을의 이웃들이라 마을 사람들은 쉽게들 말도 못 하는 분위기였다. 꼭 온 마을이 서로 으르렁대고 있는 것 같았다.

정수영 목사는 쉽게 나설 수도 없는, 아니 가벼이 나섰다가는 더 큰 문제가 터질 것 같은 모습에 심한 답답함을 느꼈다. 현재로서는 입 다물고 기다리는 수밖에 다른 방도가 떠오르지 않았다. 이제 한참 농사가 시작되는 철이라 정수영 목사는 마을 사람들도 사귈 겸 모심고 과수원 돌보는 사람들을 찾아다녔다. 그러나 인사들은 하였지만 지나가면 교회를 또 정 목사를 뒤에서 손가락질하는 것만 같았다. 오월이 들어서고 있었다.

그러나 그렇게 막혀버린 과수원이 마을의 큰 재앙이 될지는 아무도 몰랐다. 그냥 작은 과수원 하나 버린 일이 아니었던 것이다. 사과 과수원은 일 년 중 열서너 차례 병충해 약을 쳐 주어야 한다. 그렇지 않으면 사과나무는 병들과 벌레들을 견디지 못한다.

이제 온 동네 과수원들이 다 약을 치는데 산 밑의 방치된 이 집사의 과수원은 약을 칠 수가 없었다. 그러자 얼마 못 가서 그 과수원은 온갖 사과나무 병들과 벌레들로 드글드글 하기 시작한 것이었다. 잎들이 붉게 마르고 벌레들이 버글거렸다.

세상이 다 녹색으로 짙어져 가는데 그 이 집사의 과수원만이 저주받은 듯 누렇게 말라 가는 것이었다.

하지만 그 과수원만 버리면야 문제 될 것이 없었다. 큰일은 그렇게 병들과 벌레들이 오염된 그 과수원으로부터 마을의 다른 과수원들로 마구 번져 나가는 것이었다. 마을 과수원들이 아무리 약을 쳐 대도 그 붉게 죽어가는 과수원으로부터 사과나무 병들이 마구 밀려 들어온 것이었다. 벌레들도 피했다가 다시 밀려오곤 했다. 온 마을 과수원이 무슨 폭격을 맞은 듯 망가지기 시작한 것이었다. 놀란 마을 과수원 주인들이 신 집사에게 달려가 사정하며 말했다.

"좀 봐줍시다. 마음 풀고 용서해 줍시다. 제발 길을 열어 주어 약을 좀 치게 합시다! 안 그러다가는 온 마을 과수원이 다 망하겠어요!"

"싫소! 그 이 집사가 와서 무릎 꿇고 사과하기까지는 절대로 안 돼요!"

정수영 목사도 찾아가 간곡히 말했다.

"신 집사님! 이번 한 번만 그냥 좀 숙여 주시지요."
"나도 자존심이 있지…. 앞 교회 이 집사가 와서 용서 구하기 전에는 절대 안 됩니다."

마을 사람들은 이 집사에게도 찾아갔다.

"좀 찾아가서 미안하다고 하고 과수원 길을 열어달라

고 해 보세요. 이러다 우리 다 죽어요."

그러나 이 집사는 이 집사 대로 더욱 분노하고 있었다.

"싫어요! 나도 자존심이 있지. 내가 그 짓거리하며 계속 그 길로 다니며 농사를 지으란 말이오?! 내가 과수원 포기하고 말지."

결국 여름이 지나며 온 마을 과수원들이 병과 벌레들도 망가져 가고 있었다. 아예 일반적인 사과나무 병을 넘어서 예전에 사라졌던 병까지 살아나 그 과수원에서 시작되어 다른 과수원들로 번져갔다. 이제는 손을 쓸 수가 없게 되어 버렸다. 그렇게 방치되어 버린 작은 과수원이 이러한 큰 화가 된 것이었다.

그렇게 분노로 길을 막아 버린 사건이 이렇게 큰 불행의 결과를 가져올 줄을 몰랐던 것이었다. 그해 마을의 사과 농사는 그렇게 다 망쳐버렸다, 그런데 문제는 과수원만이 아니었다. 안 좋은 일들은 자꾸 꼬리를 물고 일어났다.

새로 생길 고속도로의 진입로가 이 마을 초입에 생길 것으로 계획되었었다. 그러면 사과 판매도 관광사업도 모든 면에 이 마을이 발전할 수 있을 것으로 희망하고 있었다.

그러나 그것마저 다른 지역으로 결정된 것이었다. 마을이 점점 고립되어 가고 있었다. 교회들은 싸우고 과수원들은 망가지고 마을 희망 사업은 사라지고 마을은 흉흉하게만 변해갔다. 이렇게 되자 마을 사람들은 화가 치밀어 올랐다. 마구 교회를 성토하기 시작하였다.

"다 저 두 교회 탓이야! 사랑을 보여야 할 교회들이 저 모양으로 서로 싸워대니 세상이 잘 될 턱이 없잖아! 다 교회들 때문이라고!"

마을 회의가 연이어 열렸다.

"우리 마을이 이 모양이 된 것은 다 두 교회 때문이요. 그러니 이제부터는 종이든 차임벨이든 교회에서는 절대 아무 소리도 내지 마시오. 시끄러워 죽겠어. 지금까지는 그래도 참고 참았는데…. 여기서 더 문제를 일으키면 아예 교회들을 마을에서 쫓아내 보낼 거요. 교회가 어떻게 세상의 악이 돼버렸어!"

마을 회의에 참석했던 정수영 목사는 아무 소리도 할 수 없었다. 새벽에 은은하게 울리던 교회 종소리는 이렇게 하여 사라져 버리게 된 것이다. 사람들은 뒤에서 계속 수군거렸다.
"에이! 진작 이렇게 교회들의 소리를 중지시킬걸. 세상이 조용하기만 하네. 요즘 도시들도 이래서 교회 종소리들을 금지시켰대요."

"교회가 세상의 모범이 되어야지 말이야."

"어휴! 이제 교회라면 신물이 나요. 신물이…."

정수영 목사는 마을의 이러한 고통이 꼭 자신이 잘못하여 생긴 것 같아 몸 둘 바를 모르고 있었다. 그렇게 상황이 자꾸 심각하게 흘러가고 마을의 질타를 받자 그해 가을, 앞 교회 목사는 마침내 마을을 떠나버렸다. 앞 교회 교인들도 다 흩어져 버렸다.

이러한 일련의 사태를 보며 정수영 목사는 깊은 두려움을 느껴야 했다. 서로 용서하지 못함이 결국 자신도 망가트리고 더 나아가 모두를 고통스럽게 하는 것을 정 목사는 똑똑히 본 것이었다. 하나님이 벌을 내리시는 것 같았다.

마을은 이렇게 인심이 사나워져만 가고 있었다. 정 목사도 어떻게 할 도리를 찾지 못하고 있다. 도대체 솟아날 구멍이 안 보였다. 매일 기도하며 조용히 기다릴 뿐이었다.

어느덧 겨울도 가운데를 지나고 있었다. 강추위는 어느 때보다 마을을 차갑게 덮곤 했다. 정수영 목사도 가족들도 마음이 참 추운 시간을 보내고 있었다. 이렇게 시간이 1월의 끝으로 지나가던 중이었다. 달력상이라지만 며칠 후면 입춘이다. 빨리 이 차가운 겨울이 지나고 올해는 모든 것이 새롭게 회복되기를 정 목사는 간절히 바라고 있었다.

'올해는 모든 일들이 잘 되겠지….'

그날도 매우 추운 아침이었다. 정수영 목사는 찻잔을 들고 밤새 살짝 내린 덮인 눈을 목양실 창밖으로 내다보고 있었다.

5. 뺑소니 사고

"목사님! 목사님! 계세요?!"

교회 자매 청년 하나가 사택을 뛰어 들어오며 다급한 목소리로 정 목사를 찾았다.

"목사님! 큰일 났어요!"

"아니! 왜 무슨 일이세요!?"

"아랫마을 사는 제 친구 수연이라고 아시지요?"

"지난주에 처음으로 교회 나왔던 그 자매님이요?"
"네! 그 자매요."

"그런데, 무슨 일이라도 생겼나요? 왜 이렇게 얼굴이 파래 보이세요?!"

"교, 교통사고가 났어요. 수연이 아버지가 차에 치였어요. 목사님, 빨리 가셔서 좀 도와주세요."

정수영 목사는 대충 잠바를 걸치고 교회에서 그리 멀지 않은 수연 자매의 집으로 달렸다.

수연 자매도 어머니도 날씨도 추운 데다가 일어난 사건으로 인하여 부들부들 떨고만 있었다. 처음 당한 일이라 어찌할 바를 모르는 것이다. 수연 자매가 과정을 설명해 주었다.

"어젯밤 늦게 아버지가 읍내 쪽 마을 초상집에 다니러 가셨거든요. 우리 마을 다른 어른 한 분 하고요. 그런데 어젯밤 늦게 오시는 길에 저기 아래 도로에서 아버지가 차에 치였다는 거예요."

"그런데 아버지는 어디 계세요?"

"몰라요."

"아니! 모르다니요?!"

"함께 앞뒤로 멀찍이 자전거를 타고 오시던 분 말인데 하얀 승용차가 아버지를 뒤에서 치었대요. 그런데 그 운전사가 내려 급히 병원으로 데려간다고 아버지를 싣고 갔대요. 그런데 그 어르신은 그 말을 믿고 그냥 집에 돌아와 잠들었다고 해요. 술도 좀 많이 먹은 상태라서…."

"그럼, 읍내 병원들하고 가까운 곳들 다 알아봐야지요?"

"그러게요. 아침에 파출소에 연락하고 읍내 경찰이 다녀갔어요. 그런데 웬만한 곳은 다 조사해 보았는데, 그리고 더 멀리 다른 병원들도 다 조사해 보았대요. 그런데 도대체 어느 병원에도 아버지가 없다는 거에요?"

"그러면 그 뒤에서 오시던 어르신이 그 승용차를 다 보시지 않았나요?"

"그 어르신도 술에 취해서 차가 흰색이라는 것밖에는 기억을 못 하고 있대요. 아주 심하게 다친 것 같지는 않았고, 또 병원에 빨리 모시고 간다니 그냥 믿었대요. 글쎄. 아까 경찰이 다 조사해 가지고 갔으니 무슨 연락이 올 거예요."

수연 자매도 그 자매의 어머니도 도대체 어쩔 도리를 찾지 못하고 떨기만 하고 있었다. 정수영 목사는 들으며 참 답답함을 느꼈다. 좋게 말하면 순박한 시골 사람들이다. 그러나 조금만 눈여겨 차 번호를 보았어도 이렇게 사건이 커지지는 않았을 것이다. 정 목사는 또다시 자꾸 불길한 생각이 들었다. 그러나 애써 침착한 듯 위로의 말을 건넸다.

"너무 걱정하지 마세요. 어디서 잘 치료받고 계실 겁니다. 저도 경찰들에게 연락해 보고 또 여기저기 알아보겠습니다."

"목사님 너무너무 감사해요. 우리는 교회를 다니지도 않는데…."

"무슨 말씀을… 아니에요. 이럴 때 도와드리는 것이 당연하지요."

그날 오후 다시 형사들이 찾아왔다. 앞의 형사가 어두운 얼굴로 조심스럽게 말했다.

"에 저…. 너무 놀라지 마십시오. 아버님의 시신이 발견되었습니다."

"네에! 아이구머니나!"

수연 자매의 어머니와 수연 자매는 그냥 바닥에 주저앉아 버렸다. 정수영 목사는 다급히 물었다.

"도대체 무슨 일이 일어난 것입니까?"

"이곳에서 4킬로 떨어진 계곡에서 발견되셨습니다. 온몸이 꽁꽁 언 채로 사망하신 채로요. 아마도 범인이 골짜기에 유기한 것으로 추정됩니다."

"아이고 수연이 아버지! 아이고 얼어 죽다니요!"

"아버지…!"
"아이고! 이렇게 원통한 일이…!"

갑자기 온 집이 울음바다가 되고 말았다. 정수영 목사도 화가 나고 목이 메어 왔다.

"아니! 어젯밤에 같이 갔던 어르신 말로는 아주 크게

다친 것은 아닌 것 같았다고 했는데요?"

"예, 맞습니다. 다리가 골절되었지만 아주 돌아가실 정도는 아니었는데 범인이 병원에 안 데리고 가고 두려웠는지 골짜기에 유기했던 것입니다. 결국 동사하신 것입니다."

"아니, 이럴 수가…. 그러면 살릴 수 있는 사람을 얼어 죽도록 했단 말입니까? 아이구 저런 나쁜 놈이…. 빨리 수사를 진행해 주십시오. 그리고 꼭 악한 그 범인을 잡아주십시오."
"네, 최선을 다하겠습니다. 그런데 선생님은 이 가족과 어떻게 되시는 분이시죠?"

"아, 네, 이 마을 교회의 목사입니다. 정수영 목사라고 합니다. 위로차 와 있었습니다. 그리고 제가 좀 나서 주어야 할 것 같아서요. 꼭 좀 잘 수사해 주십시오. 부탁입니다."

"네, 목사님. 잘 알겠습니다. 이미 수사에 들어갔습니다. 그런데 문제는 그 목격자가 기억하는 것이 하얀 자가용이라는 것밖에 없어요. 또 그분도 술이 많이 취했던 상태였고 또 어두운 상태라…."

"수고스러우시겠지만, 꼭 범인을 찾아내 주십시오. 보시다시피 부인과 딸만 있는 불쌍한 가족입니다."

정수영 목사는 두 손을 모으고 아래위로 흔들며 몇 번을 간곡히 부탁하였다. 정 목사의 마음은 정말로 아프고 절박했다. 이제 봄이 가깝고 새해에는 모든 일들이 잘 되기를 간절히 기도하였는데 결국 이러한 일이 또 터진 것이었다.

정수영 목사는 마음으로는 마구 울고 싶기만 하였다. 이제 처음으로 교회에 나온 자매인데 아버지가 사고가 난 것이다. 마을 사람들은 이제 교회를 생각하면 아마도 절망의 머리를 흔들 것 같다.

경찰들은 그렇게 돌아갔다. 마을은 더욱 술렁대었다.

그리고 그 원인도 교회에 돌렸다.

"조용하고 살기가 좋던 마을이 풍비박산 나고 있어요. 그놈의 교회들 때문에…."

"저거 봐! 도대체 교회가 악이야. 악. 우리 마을 아주 망하게 만드는구먼."

"아니, 어떻게 교회만 연결되면 다 망하냐구!"

정수영 목사는 이제 마을 사람들을 볼 때면 면목이 하나도 없게 되었다. 왜 자꾸 이러한 일들이 일어나는지, 왜 자꾸 불상사만 생기는지 하나님도 이해가 되지 않는다. 그래도 목격자가 있고 자가용을 가진 사람이 많지 않은 시골이니 경찰들이 나서면 곧 범인을 찾을 것이라고들 사람들은 말하였다. 좁은 바닥이기 때문이다. 의자에 주저앉은 정수영 목사는 내내 생각에 잠겼다.

'어떻게 해야 하지?'

도무지 자신이 할 수 있는 일이 하나도 없다. 정 목사는 한없이 작아져 가는 자신을 느낀다.

'이 마을에, 이 교회에 오지 말았어야 했는데…. 그냥 서울에 있었으면 이러한 일이 없었을 텐데…. 편하게 사역하고 있었을 텐데…. 도대체 이게 뭐란 말인가?'

자신은 그렇다고 쳐도 자신의 결정으로 따라 말없이 내려온 아내와 아들이 겪고 있는 고생이 정 목사를 힘들게 더욱 힘들게 하고 있다. 무능력하게만 보이는 자신에게 화가 난다. 목사고 뭐고 다 그만두고 당장 이 막막한 곳을 벗어나고 싶다. 그러나 정 목사는 의자에서 내려와 바닥에 무릎을 꿇는다.

6. 범인이 잡히다

그렇게 또 두어 달이 지나가고 있다. 그러나 사고 나던 밤, 같이 오던 목격자 어르신을 형사가 몇 차례 더 찾아온 것 외에 수사는 전혀 진전이 없는 것 같이 정 목사는 보인다.

"유일한 목격자가 아는 것이라곤 승용차가 흰색이라는 것밖에 없어요. 차 번호 한두 개만 기억해도 범인을 찾아내기가 어렵지는 않은데…. 이것만 가지고는 쉽지 않네요. 게다가 그 노인도 술에 취한 상태여서 증언이 오락가락하고요. 수사를 더 넓은 지역으로 확대하고는 있지만…."

형사들은 이 말만 반복하고 있었다. 정수영 목사는

도대체가 답답하기만 하였다. 그러나 교회에 대한 마을의 깊은 실망을 생각해서라도 정 목사는 무언가를 해야 한다. 마을 사람들은 마을 사람들대로 발들만 구르고 있었다.

"어떻게 해. 수연이네가 불쌍해서."

"어떡하냐고! 이제 그 집에 여자만 둘 남았네. 그렇다고 재산이 있는 것도 아니고…."

정수영 목사는 그날도 무거운 걸음으로 마을을 무심히 걷다가 그날 밤 사고가 났었다던 곳에 자신도 모르게 이르렀다.

'하나님! 도와주소서! 제발! 우리 교회가 마을을 이 지경으로 만든 것이라고 사람들이 생각하고 있습니다. 아니 맞습니다. 우리 교회가 모든 일의 발단입니다. 우리 교회가 옳게 살지 못해서 그렇습니다. 그리고 목사로서

제가 교회를 교인들을 잘 이끌지 못해서입니다. 도와주소서….'

정수영 목사는 그렇게 마음속에서 절규하는 자신을 느끼고 있었다. 정 목사가 그렇게 자책하며 스치듯 사고 장소를 지나치던 찰나였다. 도로 옆 아래쪽 마른 풀들 속에 언뜻 희끗희끗한 무엇이 눈에 들어왔다.

'경찰들이 여러 차례 조사해 갔을 텐데 못 본 건가?'

그것은 엄지손가락만한 흰 플라스틱 조각이었다. 정수영 목사는 일단 그 조각을 가지고 교회로 돌아왔다. 흰색이면 혹 차의 범퍼 깨진 조각일 수도 있는 것이다. 사람을 크게 다치게 할 정도이면 분명 차의 범퍼는 깨질 수밖에 없는 것이다.

'그래, 내일 이 조각을 경찰서에 가져가 보자. 그동안 수사 진척 상황도 물어볼 겸….'

정수영 목사가 그렇게 생각에 잠기어 눈을 감고 의자에 기대어 있었다.

'이 지역에는 승용차를 가진 사람이 많지도 않잖아. 그리고 이곳은 좀 깊이 들어온 곳이라 더더욱…. 그리고 겨울 그것도 밤에 자가용을 몰고 이 마을에 올 사람이 많지 않을 텐데…. 물론 이곳을 거쳐 지나간 외지 차일 수도 있지만.'

그때였다. 정 목사의 뇌리에 스쳐 지나는 그림 하나가 있었다. 그것은 아주 가끔 최 장로 집에 오는 최 장로의 아들이었다. 일이 바빠서 주로 밤에 다녀가곤 했었다.
'그래 맞아! 그 아들의 차가 흰색이었어. 흰색 스텔라!'

그 아들은 멀지 않은 큰 도시에 살고 있었다고 하였다.

'겨울에…? 그것도 그 밤에 하얀 차…? 이 좀 외진 마을에…? 그래! 그럴 수도 있지!?'

그러나 정 목사는 머리를 가로로 심하게 저었다.

'에이! 아니, 아니야! 그럴 리가 있겠어?!'

이는 추측에 불과하다. 그리고 장로님 아들이다. 괜히 섣불리 일을 벌였다간 큰일 난다. 잘못되면 이제 교회마저 풍비박산이 날 문제이다. 그렇다고 정직하고 바르게 살아야 하는 목사가 가능성이 있는 이 제보를 그냥 넘길 수는 없는 것이다. 정 목사는 마음이 쿵쾅대었다. 그는 이 문제에 대하여 밤새도록 마음 졸이며 고심하여야 했다.
'그래, 결과가 어떻게 되든 더 큰 문제로 터지든 하나님 앞에 정직해야 한다.'

아침나절에 정수영 목사는 채비를 차렸다. 그리고 봉

투에 넣어 놓은 하얀 조각을 챙겼다. 읍내 경찰서 강력계 형사는 정수영 목사의 제보와 흰 조각을 넘겨받으며 말했다.

"수사가 벽에 부딪혀 막막했는데, 이 흰 조각과 가능성이 있는 사람의 제보를 주신 것 너무너무 감사합니다."

"우리 교회 장로님의 아드님입니다. 조용히 조심스럽게 수사를 진행해 주십시오. 저도 참 힘든 마음으로 방문을 드린 것입니다."

"아이구 목사님! 참 힘든 결정을 해 주셨군요. 그 마음 너무 잘 알겠습니다. 그 장로님 아들 쪽으로 수사대를 보내고 그쪽 지역 자동차 정비소들의 기록을 모두 조사하겠습니다. 정말 무슨 말로 감사드려야 할지 표현할 수가 없군요. 목사님."

그렇게 교회로 돌아온 정 목사는 하루하루를 불안하고 먹먹하게 보내야 했다. 며칠 후 담당 형사가 정 목사를 찾아와 자초지종을 이야기하였다.

"목사님 감사합니다. 목사님의 제보가 정확했습니다."

형사들은 장로님의 아들을 체포하였다. 그리고 범행의 일체를 자백 받았다. 정 목사가 찾아낸 흰 조각과 알려준 제보가 결정적이었다. 결국 마을에도 이 소식은 모두 전해져 왔다. 좁은 지역이다. 곳곳에서 수군댔다. 수사 과정에서 정수영 목사가 장로님의 아들을 제보했음도 결국은 흘러나왔다.

"아이고 들었소?! 수연이 아버지 치인 범인이 최 장로 아들이래요!"

"그리고 그 범인을 잡도록 결정적으로 제보를 한 사

람이 정 목사래요!"

"아휴! 어째!"

"정 목사 양반이 큰일 했네! 그런데 그 교회 이제 큰일 났네!"

"범인을 잡은 것은 너무너무 좋은 일이지만 이제는 교회가 난리 나겠네. 어떻게 하누…."

 정수영 목사는 살아오면서 또 목사로서의 일생 중에 이렇게 깊은 절망과 고통을 느낀 적이 없었을 정도였다. 그래도 어떤 나쁜 결과가 되더라도 정직하여야 했다. 자신은 목사인 것이다. 나쁜 죄는 밝혀져야 하는 것이다. 옳지 않은 것과 타협할 수는 없는 것이었다.

'이제는 교회를 떠날 때가 되었구나.'

어쨌든 최 장로는 자신을 이곳으로 오게 한 장로님이고 교회의 기둥이다. 정수영 목사와는 떼려야 뗄 수 없는 사이인 것이다. 깊은 고심 끝에 정수영 목사는 최 장로를 찾아갔다.

 최 장로에게 정 목사는 교회의 담임 목사지만 또한 아들을 감옥에 잡아넣게 한 사람이다. 어떻게 일이 되어도 이렇게 된단 말인가? 정 목사가 생각해도 도대체 일어날 수 없는 일들이 또 일어난 것이다. 정 목사는 최 장로 앞에 무릎을 꿇었다.

 "장로님 죄송합니다. 목사의 양심으로 그냥 모른 체할 수는 없었습니다. 용서해 주십시오. 장로님 용서해 주십시오."

 "가십시오 목사님. 목사님은 목사적 양심으로 하셨다고 하나 나에게는 아들을 감옥에 가게 한 장본인인 것은 또한 부인할 수 없는 사실이요. 어찌 내가 장로로서 교회에 갈 수 있으며 어찌 내가 목사님을 앞으로 대면할 수 있겠습니까?"

교회로 돌아오는 길에 정수영 목사는 교회 뒤 언덕에 서서 흘러가는 냇물만 하염없이 바라보았다. 물은 저렇게 서로 부닥침 없이 흘러가건만 사람들은 산다는 것이 모순 투성이다. 하나님을 믿는다는 사람들은 저렇게 시냇물을 조금이라도 더 닮아야 하는 것인데 어찌 세상과 똑같단 말인가?

목사라는 직책이 이렇게 무겁고 힘든 위치인지는 몰랐다. 자신이 모든 일의 가해자 같았다. 앞뒤 교회가 서로 싸우고 과수원들이 망가지고 수연 자매의 아버지가 죽은 것도 장로님을 아픔의 구렁으로 몰아 놓은 것도 모든 것이 부족한 자신 때문 같다. 이러지도 저러지도 못한 채 봄은 오고 있었다.

이제는 교인들도 거의 나오지 않아 교회는 썰렁하기

만 했다. 그래도 정수영 목사는 새벽 교회의 불을 밝혔다. 도저히 기적이 아니면 만신창이같이 된 마을도, 그리고 교회도 회복이 어려울 것만 같았다. 그냥 묵묵히 입을 다물고 이 모든 짐들을 지고 가야 할 것 같았다. 그리고 때가 되면 조용히 떠날 것이다.

그러나 정 목사는 그 무엇도 원망하지 않기로 하였다.

7. 홍수

 그래도 시간은 속절없이 흘러간다. 매미들이 울어대고 더위가 밀려왔다. 여름 방학이 되자 냇가는 아이들 수영하는 소리로 마을 메아리가 가득하다. 교회 건물과 마을 여러 집들이 서 있는 곳은 조금 경사진 언덕이다. 그 뒤로는 비탈이 있고 그 아래에 시내가 흘러간다. 그 건너는 작은 절벽처럼 세워진 병풍 같은 산이다.

 그래서 그런지 교회에 가만히 있으면 항상 시냇물 소리가 바로 옆에서 흐르는 것처럼 전해 온다. 냇가에서 아이들이 놀면 그 소리가 너무 선명하게 들리는 것이다. 화단의 잡초들을 뽑고 있는 정수영 목사에게 이제 초등학교 5학년인 아들 민재가 다가왔다.

 "아빠, 오늘 마을에서 새로운 친구를 사귀었어요."

"잘했네요, 우리 아들!"

"장로님 집에 왔대요. 이름은 수남이고요."

정수영 목사는 풀을 뽑던 손을 멈추었다. 장로님이라면 최경식 장로이다. 그리고 그 집에 온 아이면 장로님의 손자이다. 정수영 목사는 갑자기 지난번 교통사고가 떠올랐다.

정수영 목사는 깊은 아픔이 밀려온다. 자신의 제보로 형을 살고 있는 장로님의 아들 때문이다. 자신도 아버지로서 자식을 감옥에 보내야 했던 최 장로의 생각에 정 목사의 마음이 깊게 아파온다.

"민재야! 수남이 어디 다치거나 마음 상하게 하지 말아요!"

자신은 정직하게 교통사고 제보를 한 것이었지만 최 장로의 집은 또한 그야말로 청천벽력과 같은 일을 당했을 것이다.

세상의 일들이란 참 모를 것 같다. 왜 하필 최 장로의 아들이 사고를 내었던 것인지…. 그리고 듣기에 괜찮은 사람이라고 알고 있던 최장로의 아들이 왜 그 다친 사람을 골짜기에 버리고 간 것인지…. 그리고 왜 자신이 그 흰 조각을 발견하였어야 했는지….

"네, 알았어요. 아빠!"

민재는 그렇게 교회 밖으로 달려 나갔다.

 하늘이 며칠간을 짙게 흐리더니 큰비가 한번 쓸고 지나갔다. 시냇물은 홍수를 겪었다. 아직 물기가 가득한데 뜨거운 해가 계속 비치자 끈적거리는 무더위가 밀려왔다. 맑은 마을 공간을 참매미 소리가 사방으로 선을 긋는다.
 며칠이 지나 물이 많이 줄어들기는 하였지만, 냇물은 아직 적지 않게 흐르고 있다. 그리고 아직은 흐린 물이 흐르고 있다. 여러모로 아이들이 수영하기가 조금 이르다. 더구나 군데군데 커다란 바위 골들이 있고 그 바위들 아래는 여지없이 물이 넓게 돌다가 가는 깊은 소용돌이가 있기 때문이었다.

날씨가 너무나 더운 탓도 있었다. 그리고 지금쯤은 물이 많이 줄어서 무슨 일이야 있겠나? 하였다. 또한 곳곳에 농사 돌보는 어른들도 있고 또 모든 냇가의 소리들을 그대로 들을 수 있다고 정 목사는 생각했었다.

그래서 마을 아이들이 우르르 냇가로 달려가는 소리를 아련히 듣고 있었다.

한낮의 햇빛이 강렬하게 교회 마당에 쏟아지고 있었다. 정 목사는 큰비에 망가진 교회 처마를 고치고 있었다.

아련한 아이들의 물장구치는 소리, 참매미들 소리, 쏴 바람 소리, 모두 모두 어울려 세상의 생명들이 서로 조화를 이루어 가는 화음으로 들린다.

평안한 소리이다. 모든 것이 평화롭다.

'탁, 탁, 탁'

정 목사가 땀을 훔치며 못질을 하고 있었다. 그때 갑자기 온통 아름답던 화음이 찢어져 버렸다. 분명 정상적인 소리가 아니다. 매미 소리도 그대로고 바람 소리도 그대로인데 냇가의 소리가 무언가 날카로웠다. 정 목사는 손에 들었던 연장을 멈추었다. 그리고 귀를 시냇가 쪽으로 기울였다. 분명 비명처럼 외치는 소리다.

정 목사는 이제 또 불길함이 밀려왔다. 기쁨의 소리 행복의 소리가 아닌 아픔의 소리 두려움 소리에 몇 년간 얼마나 고통스러웠는가? 그런데 또다시 무언가 위험을 알리는 날카로운 소리가 평안을 찢어 버린 것이다. 정수영 목사는 혹시나 하는 마음으로 낮은 언덕으로 뛰었다. 정수영 목사의 귀는 정확했다. 언덕에 도착하였을 때 마구 흙먼지를 내며 뛰어 올라오는 아이들을 만난 것이다.

"큰일 났어요! 큰일요! 목사님!"

"무슨 일이니?!"

"민재하고 수남이가 물에 빠졌어요!"

 정수영 목사는 그냥 비탈길을 내리 달렸다. 물가의 아이들은 마구 소리를 질러대고 있었다. 아직 탁한 냇물, 한가운데 소와 같아 소용돌이치는 가운데로 두 아이가 허우적대고 있었다. 둘 다 머리가 물 위로 오르내린다.

 정수영 목사는 하늘이 갑자기 노랗게 보인다. 아무 생각도 없다. 그냥 물로 뛰어들었다. 정 목사가 그렇게 물 가운데 이르렀다. 눈에 놀라서 흰 눈동자가 보이는 민재가 보이고 또 수남이가 보인다. 민재가 더 급하다. 민재가 더 위험한 상황이다. 민재를 먼저 구해야 한다. 그러나 정 목사는 수남이의 손을 낚아채었다. 그리고 막 물속으로 빠져들어 가고 있는 민재를 향하여 소리쳤다.

"민재야! 민재야! 아빠 곧 올게. 조금만 기다려어!"

 정 목사는 비명을 지르듯 소리치고 기슭 쪽으로 수남이를 끌고 나갔다. 발이 바닥에 닿지 않는다. 정수영 목사는 온 힘을 다하여 수남이를 기슭으로 밀어내고 아이들이 수남이를 받자 다시 돌아섰다. 비탈을 마구 내려오는 마을 어른들의 모습이 어렴풋이 보였다. 정 목사는 다시 냇물을 바라본다.

 그러나, 민재가 보이지 않는다. 정 목사는 생각할 겨를도 없이 다시 물 가운데로 마구 헤엄쳐 들어갔다. 정 목사의 머리에는 죽은 모습의 아들이 마구 떠올랐다. 못 찾으면, 조금만 더 늦으면 정말로 민재가 죽는 것이다. 그러나 아무리 팔을 휘젓고 마구 물속을 헤매며 찾아도 보이지 않는다. 물속은 아직도 홍수 물처럼 아무것도 앞이 보이지 않는다. 정 목사는 머릿속이 하얘져 왔다.

"하나님! 안 됩니다! 안 돼요!"

외마디 소리를 지르고 정 목사는 다시 물속으로 들어갔다. 민재가 죽는다는 것은 자신이 죽는 것과 같다. 자신이 죽더라도 민재는 살려야 하는 것이다. 지금까지 모든 것을 그래도 참고 왔는데 이렇게까지 된단 말인가?

그 짧은 순간이지만 세상에 그렇게 길게 느껴지는 시간은 처음이었다. 세상에서 그러한 막막함과 큰 공포를 느껴본 적이 없었다. 모든 물감을 다 짜 놓고 마구 섞은 것처럼 세상이 빙글대며 돌고 있었다. 정 목사 물속을 마구 긁어 대고 양손을 마구 휘저었다.

그 순간 무언가 손을 스쳤다. 정 목사는 와락 끌어당겼다. 민재였다. 정 목사는 민재를 끌고 물 위로 솟구쳤다. 이미 축 늘어진 아들을 안고 어떻게 나왔는지도 기억이 안 난다.

"쿨럭! 쿨럭!"

냇가에 이르자 민재가 기침하며 숨을 몰아쉬었다.

"민재야 미안해! 아빠가 미안해!"

정 목사는 그냥 쓰러져 버렸다. 온몸에 모든 것이 다 빠져나간 것 같았다.

"와! 와! 민재도 살았다!"

냇가 기슭에는 아이들이 소리를 지르고 있다. 어느새 왔는지 마을 사람들도 정 목사를 둘러서 있었다. 어떤 사람은 눈물을 훔치기도 하였다. 정 목사는 민재를 안고 기슭 돌 위에 앉았다. 정수영 목사는 그러한 중에도 최 장로의 손자 수남이가 무사함이 너무나 안도가 되었다.

'만약 수남이를 구해내지 못했다면….'

정 목사는 그 생각을 하니 온몸에 소름이 스쳐 지나 갔다. 그나마 최 장로에게 진 무거운 빚을 조금은 갚은 것 같다. 정 목사는 안도감으로 온몸에 떨려온다.

"수남아, 괜찮니?"

"네 목사님! 흑, 흑, 흑."

"얼른 할아버지께 가거라. 걱정하시겠다."

"네 감사합니다. 흑흑."

마을 어른들이 정 목사를 향하여 깊은 마음으로 말했다.
"목사님, 괜찮습니까?"

"목사님, 큰일 날뻔했습니다."
"천만다행입니다. 목사님, 고맙습니다."

정수영 목사도 말했다.

"아니에요, 제가 할 바를 한 걸요 뭐."

 정 목사는 아직도 정신이 없다. 그러면서도 다가와 걱정의 말을 해 주고 있는 마을 사람들에게 무언가 짙은 뭉클함을 느낀다. 얼마나 그들을 바라보고 함께 나누고 싶던 마음이었는가?
 정수영 목사는 아들의 손목을 잡고 언덕을 올라 교회를 향하여 천천히 걸었다. 지난 어려웠던 순간들이 스쳐 지나간다. 언덕을 어떻게 올라갔는지 자신도 모른다.

'그래도 모든 것이 잘 되었구나. 수남이가 죽었다면….
 아니 민재가 죽었다면…'

 정 목사는 그 광경들이 떠오르자 고개가 마구 저어졌

다. 만일 그랬다면 장로님에게도 자신에게도 교회에도 돌이킬 수 없는 사건이 되었을 것이다.

'모든 것이 참 감사하구나.'

정수영 목사는 그렇게 교회 문을 들어섰다. 그리고 교회 앞 바닥에 앉아 한참을 펑펑 울었다. 그동안 쌓였던 울음이 터져 나온 것이다. 반은 설움이고 반은 감사의 이상한 눈물이었다. 생각하기 싫은 무서운 사건이었다. 그러나 오히려 모든 것이 좋은 결과가 되었다.

8. 새벽 종소리

 여름이 그래서 그런지 올해의 가을은 더욱 아름다운 것 같다. 정수영 목사는 국화들이 피어나기 시작하는 교회 화단을 물끄러미 바라본다. 돌아보니 몇 년 동안 참 많은 일들이 있었다. 그런데 수연 자매 아버지 교통사고와 해결, 그리고 지난 여름 아이들의 구조 사건 이후 마을에 무언가 다른 느낌의 무엇이 흐르는 것 같았다. 사람들이 말들은 하지 않았지만, 마음들이 아주 따듯해진 것 같다. 정수영 목사가 길에서나 물건을 사러 갈 때 마을 사람들의 인사의 뒷면에는 사랑과 존경의 그 무엇이 들어 있는 것 같기도 했다.

 무언가 하나님의 깊은 위로와 사랑이 마을 사람들의 마음을 만지고 있는 것 같았다. 봄바람에 차가운 얼음이 녹아들 듯 무언가 원망과 다툼과 분노의 것들이 자꾸자꾸 녹아가는 듯하기도 하였다.

어느 날 신 집사는 이 집사를 찾아갔다. 둘은 서로 용서하고 용서를 구했다. 그리고 공동으로 과수원을 방제하여 올해 과수원들은 많이 회복되고 있다. 이전에 여러 가지 사건들로 굳게 닫혔던 마을 사람들의 마음들이 자꾸 녹아들 가고 있었다.

고속도로 진입로는 안 되었지만, 군에서 풍광이 좋은 이 마을이 내세울 관광명소로 선정되었다. 포근하고 넉넉한 가을 날씨처럼 온 마을에 평안함이 흐르고 있다. 풀벌레 소리가 낮은 교회 창으로 넘어 들어온다. 국화들 향기도 가득하다.

교회를 떠났던 교인들이 하나 둘씩 보이기 시작하였다, 그렇게 십이 월이 들어가고 성탄절이 가까워지고 있었다. 그날도 정 목사는 새벽 교회 불을 밝혔다. 겨울이라 네 시 반에 새벽 기도가 시작이다. 정수영 목사는 강단 아래 무릎을 꿇고 앉아 예배를 준비하며 기도하고 있었다. 그때였다.

'댕! 댕! 댕!'

정 목사는 깜짝 놀라 자리에서 벌떡 일어났다. 교회 입구의 종을 누가 치고 있다.

'아니! 누가 종을 치지!? 안 되는데 큰일 나는데!'

정 목사는 부리나케 일어나 밖으로 나갔다. 저기 어두운 종탑 아래에 흐릿한 그림자가 보인다. 누가 종의 줄을 당기고 있다. 정수영 목사는 종탑 아래의 그 사람에게로 다가가며 다급히 물었다.

"죄송하지만 누구십니까? 종을 치면 안 되는데. 마을 사람들이 반대하는데 누구… 아니! 장로님!"

그렇다. 그 종을 치는 사람은 바로 최경식 장로였다.

"어찌 장로님께서! 이 새벽에!"

"목사님, 죄송합니다. 그동안 잘못했습니다."

흐릿한 모습이었지만 최 장로는 울고 있었다.

"잘못이라니요? 무슨 그런 말씀을 하십니까?"

"우리 손자 구해 주신 것에 일찍이 찾아뵈었어야 했는데…."

"아닙니다! 아닙니다! 제가 아드님으로 인하여 마음 아프게 해 드려서 너무나 죄송합니다. 저를 용서해 주세요!"

"아닙니다! 제가 용서를 구합니다."

최경식 장로와 정수영 목사는 종탑 아래서 부둥켜안았다. 그리고 둘이 한참을 울었다. 정수영 목사와 최경식 장로는 손을 잡고 교회로 향했다.

"장로님 기다렸습니다."

"어서 오세요. 장로님."

 교회 문에는 신 집사 이 집사 그리고 여러 교인이 나와서 서 있었다. 특히 신 집사는 돌아서서 눈물을 훔치고 있었다. 자신이 이 집사 과수원 입구를 막아 버리고 나서 일어났던 큰일들로 마음이 아주 고통스러웠던 것 같다. 그는 마을이 회복되고 최 장로까지 교회에 나오자 그동안의 무겁던 마음의 짐이 풀려 갔던 것이다. 조용히 드리는 기도 소리가 따듯하게 예배당 밖으로 울려간다.
 참 이상했다. 그 종소리 이후 마을에는 더 좋은 소식들이 자꾸자꾸 밀려들었다. 마을 사람들도 은연중에 새벽 종소리를 허락하였다. 종을 치라고 말로는 하지 않았지만….

"오랜만에 새벽 종소리를 들으니 너무나 좋네. 잠도 잘 오고 무슨 자장가 같아."

"맞소! 전에 들리던 종소리와 너무 달라요. 시끄럽기는커녕, 종소리를 들으니, 마음에 원망들이 마구 사라져 가는 것 같아요. 혹시 종을 다른 것으로 바꾼 것 아니요? 왜 소리가 달라졌지? 같은 종인데 소리가 바뀔 수도 있나? 거참."

"누가 교회에 좀 전해 주구려. 새벽 종소리를 들으니 참 좋다고."

이는 이제 종을 쳐도 된다는 허락들이었다. 이제 매일 새벽마다 최경식 장로는 종을 치게 되었다. 이상하게도 교회 새벽 종소리는 이전과는 달리 더욱 깊고 아름다웠다. 새벽이라도 전혀 귀에도 마음에도 조용하고 평안하게만 들려온다. 그리고 널리 널리 퍼져가고 있었다.

"요즈음 각박해서 교회 종소리도 다 사라졌는데 우리는 아예 이 종소리를 우리 마을의 특색으로 삼읍시다. 상징으로요."

그 종소리 이후 점점 마을은 번창해 갔다. 농사와 과수원은 품질 좋기로 소문이 났고 많은 사람이 방문하고 쉬고 힘을 얻고 가는 마을이 된 것이다. 이 마을을 스치거나 묵어간 사람들은 자꾸들 말하였다.

"그런데 이 종소리가 무엇이지요? 참 이상하네. 신기하게도 넉넉한 마음을 갖게 하네, 살아오면서 화났던 마음들이 녹아 버렸어요. 이제 돌아가서는 사랑하고 용서하며 살 거요."

"저 종소리를 들어봐. 삶에 지친 마음이 위로받는 느

낌이야. 이 마을에는 분명 무언가 좋은 것이 있는 것 같아. 참 이상한 마을이야. 꼭 한번 살고 싶어지는 그런….”

"요즘 세상에 새벽에 종을 쳐 대도 전혀 뭐라고 하지 않는… 아니, 사람들이 오히려 좋아하는 이 마을 같은 곳은 없을 거요. 교회들이 와서 좀 배워야 하지 않겠소? 허 허 허."

9. 기적

"아이구! 어르신 그러한 일이 있었군요, 너무 감동스럽습니다. 너무 좋았습니다."

종섭은 들마루 끝에서 떨어질 뻔했다. 그만큼 민박집 어르신의 이야기 속에 너무 깊이 잠겨 들었었기 때문이었다.

"이미 30년이 지났지만, 우리 마을은 여전히 이 종소리를 좋아하지요."

"맞습니다. 맞아요. 어젯밤 종소리가 바로 제게 그렇게 들렸다니까요? 평안하고 사랑스러운 아련함이랄까? 마음을 막 어루만져 주는 그런…."

"허허, 제 이야기를 잘 들어 주셔서 감사하오. 다음에 꼭 다시 한번 오시오. 잘 안내해 드리리다."

"네, 너무 좋은 시간이었습니다. 이야기를 듣는 중에 제 안에 무언가 마음이 뜨거운 일이 일어나는 것 같았어요. 이렇게 제게는 너무나 귀한 시간이었는데 그냥 가기가 그렇군요. 어르신 성함이라도 좀 여쭈어보아도 될까요?"

"허허, 그래요? 고맙소이다. 내 이름은 신자 대자 식자 신대식이요. 신가이지요."

"네 어르신, 잊지 않도록 하겠습니다."

민박집 어르신은 그렇게 안으로 들어갔다. 종섭은 하늘을, 또 산을 바라본다. 너무나 아름답고 신비하게 보인다. 이전과는 너무 다른 것 같다. 종섭은 이 모든 아름다운 것들이 자신을 향해 웃어 주는 것 같다.

'나에게 무슨 일이 일어난 거지? 기도원을 가야 하는데. 그런데 무언가를 답을 얻은 것 같아.'

종섭은 다시 기도원 길을 물어볼까도 생각하였다. 그러나 그만두었다. 그는 소지품을 챙기고 감사 인사를 전한 후 차로 돌아왔다. 그리고 시동을 걸었다.

'부르릉.'

차의 시동 소리가 너무나 경쾌하다. 종섭은 떠나기에 앞서 어젯밤 어둠 속의 절망스럽던 기도를 떠 올려 보았다. 종섭은 기도원 길을 기도했지만, 하나님은 종섭의 잃어버린 진정한 길을 찾아 주신 것이었다. 신앙의 길도 진짜 길도…. 절망의 어두운 밤에서 소망의 아침을 주셨다. 시원한 바람이 싱그러운 신록과 가득한 봄꽃들 사이를 불어온다.

'그래 이거야. 이 마을의 그 정수영 목사님, 그리고 장로님과 변해버린 마을, 이것이 참 교회이고 올바른 목회자의 모습이야. 나는 오늘 내가 가야 할 목사의 길, 해야 할 교회의 모습을 찾았어. 세상이 어떻든 나는 이 올바른 길을 가는 거야. 이제 가서는 교회 일도 신학 공부도 열심히 하자.'

그때 종섭에게 또 한 번 놀랄 일이 일어났다. 어젯밤만 해도 먹통이던 내비게이션이 밝게 들어온 것이었다. 그리고 안내 소리가 나왔다.

'목적지를 입력하십시오.'

종섭은 휘 한번 마을과 교회를 돌아본 후 내비게이션에 손을 뻗었다. 그리고 서울로 입력하였다. 이제는 기도원을 갈 이유가 없는 것이다.

'서울로 돌아가자. 교회로, 또 신학교로….'

'참 아름다워라 주님의 세계는…. 흥 흥 흥.'

종섭의 입에서는 찬양이 흘러나온다. 종섭은 세상이 이렇게 아름다웠는지 이전에는 잘 몰랐던 것 같다. 종섭은 기분 좋게 운전대를 두드리며 노래하며 차를 몰고 간다.

그런데 아까 전부터 어떤 단어 하나가 종섭의 머릿속을 왔다 갔다 한다. 그런데 생각이 나지 않는다.

'아휴, 그 단어가 뭐지? 생각이 안 나네.'

마침내 종섭의 머릿속에 바로 그 말이 떠올랐다.

'기적! 그래 기적이야. 어제 저녁 기도한 이후 모든 것이 기적이었어. 또 기독교는 외치는 기적들, 큰 교회의 기적들, 복받자는 말의 기적들이 아니라 저 마을의 목사님과 교회처럼 사람이 변하고 세상이 아름답게 변하는 것이 기적이야. 삶, 이것이 진짜 기적인 거야. 나는 기독교의 참 의미를 찾은 것이고…. 다른 교회 다른 목사들이 어떻게 하든 나는 성경의 가르침대로 올바로 정직하게 세상 속에서 아름답게 살아내는 거야. 영혼을 깊이 사랑하고 삶을 그대로 사는 거지. 정수영 목사와 그 마을 교회처럼….'

하룻밤 사이에 너무나 큰일들이 있었다. 그리고 하나님은 그 모든 것을 아시고 인도해 주신 것이다. 모든 것이 기적이었다. 종섭은 갈림길에서 내비게이션 대로 서울이라는 이정표 쪽으로 핸들을 틀었다.